Magic Cooking

ANNA WALZ

OFENFRISCHE BROTE

Meine Zauberformeln für ofenfrische Brote / 4

DIE REZEPTKAPITEL:

GANZ PUR

Wenige Zutaten + gutes Timing + die besten Tricks = meine Zauberformeln
für perfektes Brot. Hereinspaziert in meine Glücksbäckerei!

GANZ KLASSISCH

Vollkorn oder Toast? Brote und Brötchen für (fast) alle Gelegenheiten.
Und wie geht eigentlich Sauerteig?
Easy peasy, denn gut geplant ist halb gezaubert.

GANZ KREATIV

Mit den richtigen Zauberformeln kein Hexenwerk: spannende Brot-Kreationen
der besonderen Art für experimentierfreudige Besser-Esser. Immer mit dabei:
Freude am Kneten und an der magischen Verwandlung des Teigs.

Herzlich willkommen zu meinen Lieblingsbroten – vom Baguette (s. Seite 20) bis zum Vollkornbrot (s. Seite 26)! Dazu kommen spannende Kreationen für neugierige Glücksbäcker, z. B. Rote-Bete-Knäckebrot (s. Seite 51) oder Pfannenbrote (s. Seite 52). Dabei erklären meine **MAGISCHEN TIPPS** immer genau, wie die Brote perfekt gelingen – garantiert ohne doppelten Boden.

GLÜCKSBÄCKEREI

*Meine Zauberformeln
für ofenfrische Brote*

Schon als Kind stand ich oft in der Backstube meiner Eltern, wo ich später auch zur Konditorin ausgebildet wurde. Den Duft nach frischem Gebäck brauche ich fast wie die Luft zum Atmen. Meine Begeisterung für diesen Genuss und die **MAGIE DES BROTGLÜCKS** möchte ich gerne mit dir teilen. Keine Sorge, auch ungeübte Zauberlehrlinge können ihr Glück versuchen: Brotbacken ist gar nicht schwer!

Ich verrate dir in jedem Rezept die entscheidenden **TRICKS**. Dann kann gar nichts mehr schiefgehen und du brauchst nur noch eine Portion Geduld und eine Prise gutes Timing, wenn der Teig mal wieder länger gehen muss. Denn gemacht sind Brot und Brötchen meistens ganz schnell.

Leider steckt gekauftes Brot oft voller unnötiger Zusatzstoffe wie chemische oder synthetische Backhilfsmittel. Ich will aber genau wissen, was in dem Brot drin ist, das ich esse. Dazu gibt es für einen **GLÜCKS-BÄCKER** kaum einen besseren Weg, als selbst zu backen und dabei qualitativ gute Zutaten auszuwählen.

Faszinierend ist immer wieder, dass für Brote und Brötchen nur wenige Zutaten gebraucht werden. Oft genügen Mehl, Wasser, Salz und Hefe – **ABRAKADABRA**! Für Abwechslung sorgen die Art der Zubereitung, unterschiedliche Mehlsorten und Brotformen. Und natürlich auch mal weitere ausgesuchte Zutaten wie Kerne und Saaten oder Gewürze. Allein damit kannst du eine große Brot-Vielfalt auf den Tisch zaubern!

Last but not least macht Brotbacken ganz einfach **FREUDE**. Die Hauptarbeit besteht im Zusammenfügen von wenigen Zutaten – das tatkräftige Bearbeiten, das Kneten und Formen des Teigs ist eine durch und durch sinnliche und genussvolle Tätigkeit, die wiederentdeckt werden will. Und wer es gerade eilig hat oder keine Lust auf Handarbeit hat, greift einfach zu Rührgerät oder Küchenmaschine.

GANZ PUR

KNUSPRIGE OLIVENSTANGE

75 g Kalamata-Oliven (entsteint)
1 Zweig Rosmarin
1 ½ TL Trockenhefe
1 TL Zucker
330 g Weizenmehl (Type 550)
1 ½ TL Salz

AUSSERDEM:
Mehl und Öl zum Arbeiten
4 Eiswürfel
–

Für 1 Brot (ca. 10 Scheiben)
30 Min. Zubereitung
9 Std. 30 Min. Ruhen
40 Min. Backen
Pro Scheibe ca. 150 kcal

IT'S MAGIC!

Fast jeder kennt den Tipp, klebrige Teige mit bemehlten Händen zu bearbeiten. Das hilft aber meist nur so lange, bis das Mehl von den Händen im Teig verschwunden ist. Für ein dauerhaftes und angenehmes Knet-Feeling öle ich meine Hände vorher lieber etwas ein – Brot und Brötchen lassen sich so mit Genuss und in Ruhe formen.

1 Oliven abgießen, abtropfen lassen, trocken tupfen und klein würfeln. Rosmarin waschen, trocken tupfen, Nadeln abzupfen und fein hacken. Für den Vorteig Hefe und Zucker in 250 ml lauwarmes Wasser einrühren und ca. 15 Min. ruhen lassen. Dann Mehl mit Salz, Oliven und Rosmarin in einer Rührschüssel mischen. Die Hefe-Zucker-Mischung zugeben. Alles mit den Händen, einer Küchenmaschine oder einem Handrührgerät (Knethaken) 4–5 Min. zu einem leicht klebrigen Teig kneten. In eine große Plastikbox füllen (er geht stark auf) und verschließen. Ca. 1 Std. an einem warmen Ort gehen lassen. Danach den Teig mindestens 8 Std. (über Nacht) kühl stellen.

2 Einen Bogen Backpapier mit Mehl bestäuben. Den Teig darauf mit geölten Händen zu einem ca. 20 cm langen Strang formen und diesen mehrmals in sich verdrehen. Mit einem feuchten Geschirrtuch abdecken und ca. 15 Min. ruhen lassen. Inzwischen den Backofen auf 230° vorheizen, dabei ein Backblech (2. Schiene von unten) und ein ofenfestes Schälchen auf dem Ofenboden mit vorheizen.

3 Die Teigstange dünn mit Wasser besprühen. Backpapier samt Teigstück auf das heiße Blech ziehen. Eiswürfel vorsichtig in das heiße Schälchen geben. Teigstange im heißen Ofen ca. 40 Min. backen. Dabei nach ca. 10 Min. das Schälchen entfernen und in den letzten 5 Min. Backzeit einen Kochlöffelstiel zwischen die Ofentür klemmen, sodass sie einen Spalt geöffnet ist. Olivenstange auf einem Rost auskühlen lassen.

SAUERTEIG-DINKELBROT

Meine Prise Magie

für Teig und Kruste

Weniger kneten, dafür einen fluffigen Teig und eine schöne Kruste? Das ermöglicht die Technik der Autolyse: Dinkel- oder Weizenmehl einfach mit Wasser vermischen und mindestens 30 Min. zugedeckt ruhen lassen. Dabei kommt die Glutenbildung ordentlich in Fahrt und der Teig muss weniger geknetet werden. Das gefällt besonders dem »knetsensiblen« Dinkelmehl – und natürlich uns Glücksbäckern.

40 g Sauerteig (selbst angesetzt oder
   im Beutel)
500 g Dinkelmehl (Type 630)
10 g frische Hefe (15 g bei Sauerteig
   aus dem Beutel)
2 TL Salz

AUSSERDEM:
Mehl und Öl zum Arbeiten
1 Gärkörbchen (ca. 28 cm Länge)
4 Eiswürfel
–
Für 1 Brot (ca. 20 Scheiben)
15 Min. Zubereitung
2 Std. 40 Min. Ruhen
45 Min. Backen
Pro Scheibe ca. 105 kcal

1 Bei Verwendung von eigenem Sauerteig diesen rechtzeitig aus dem Anstellgut herstellen. Für den Vorteig Mehl mit 350 ml Wasser in einer Rührschüssel mischen und ca. 30 Min. zugedeckt ruhen lassen. Dann Sauerteig und Hefe zugeben und mit den Händen, einer Küchenmaschine oder einem Handrührgerät (Knethaken, mittlere Stufe) ca. 5 Min. zu einem glatten Teig kneten. Teig salzen und weitere 2 Min. kneten. In einer großen, leicht geölten Plastikbox verschließen und an einem warmen Ort ca. 2 Std. ruhen lassen. Dabei nach ca. 1 Std. die Teigränder mit einer Teigkarte mehrmals nach innen falten und den Teig jeweils wieder leicht flach drücken, sodass etwas

Spannung im Teig entsteht. Teig wieder ca. 30 Min. gehen lassen, erneut falten und weitere 30 Min. ruhen lassen.

2 Den Teig auf einer bemehlten Arbeitsfläche länglich formen, dafür zu einem Rechteck flach drücken und die Querseiten übereinanderschlagen. Rechteck um 90° drehen und mit Spannung von der kurzen Seite her aufrollen. Die Naht mit Daumen und Zeigefinger zusammendrücken. Den Laib mit der Naht nach unten in ein bemehltes Gärkörbchen legen. Mit einem feuchten Geschirrtuch abdecken und ca. 40 Min. gehen lassen. Inzwischen den Backofen auf 250° vorheizen, dabei ein Backblech (2. Schiene von unten) und ein ofenfestes Schälchen auf dem Ofenboden mit vorheizen.

3 Laib auf einen bemehlten Bogen Backpapier stürzen. Mit Wasser dünn besprühen, mit Mehl bestäuben und auf der Oberseite mit einem scharfen Messer längs 3–4 mm tief einschneiden. Das Backpapier samt Brotlaib auf das heiße Backblech ziehen. Eiswürfel vorsichtig in das heiße Schälchen geben. Das Sauerteig-Dinkelbrot ca. 45 Min. im heißen Ofen backen, dabei nach ca. 10 Min. Backzeit die Temperatur auf 230° reduzieren und das Schälchen entfernen.

CIABATTA

500 g Weizenmehl (Type 405)
2 ½ TL Zucker
2 TL Salz
1 ½ TL Trockenhefe
1 EL Olivenöl

AUSSERDEM:
Mehl und Öl zum Arbeiten
4 Eiswürfel

—

Für 1 Brot (ca. 22 Scheiben)
20 Min. Zubereitung
2 Std. 30 Min. Ruhen
40 Min. Backen
Pro Scheibe ca. 95 kcal

1 Mehl, 1 ½ TL Zucker und Salz in einer Rührschüssel mischen. Für den Vorteig Trockenhefe und übrigen Zucker (1 TL) in 340 ml lauwarmes Wasser einrühren und ca. 15 Min. ruhen lassen. Die Hefe-Zucker-Mischung mit dem Öl zur Mehlmischung geben und ca. 7 Min. mit leicht geölten Händen, einer Küchenmaschine oder einem Handrührgerät (Knethaken, mittlere Stufe) kneten. Der Teig sollte etwas zäh und leicht klebrig sein.

2 Den Teig in einer großen Plastikbox verschließen und an einem warmen Ort ca. 2 Std. ruhen lassen. Danach einen Bogen Backpapier mit Mehl bestäuben. Den Teig daraufgeben und mit leicht geölten Händen zu einem ca. 30 cm langen Strang formen. Von der langen Seite her einmal mittig übereinanderlegen. Mit einem feuchten Geschirrtuch abdecken und ruhen lassen, bis der Ofen heiß ist.

3 Den Backofen auf 230° vorheizen, dabei ein Backblech (2. Schiene von unten) und ein ofenfestes Schälchen auf dem Ofenboden mit vorheizen. Das Teigstück dünn mit Wasser besprühen und mit etwas Mehl bestäuben. Das Backpapier samt Brot auf das heiße Blech ziehen. Eiswürfel vorsichtig in das heiße Schälchen geben. Das Ciabatta im heißen Ofen in ca. 40 Min. goldbraun backen. Dabei nach ca. 10 Min. das Schälchen wieder entfernen und während der letzten 5 Min. Backzeit einen Kochlöffelstiel zwischen die Ofentür klemmen, sodass sie einen Spalt geöffnet ist. Das Ciabatta auf einem Rost auskühlen lassen.

IT'S MAGIC!

Eis rein, Wasserdampf raus! Die Eiswürfel im Ofen erzeugen Wasserdampf: So kann das Brot zunächst wunderbar aufgehen und die Teigoberfläche trocknet dabei nicht aus. Danach sorgst du für eine knusprige Kruste – die entsteht aber nur, wenn die Oberfläche wieder trocknen kann. Deshalb wird das Schälchen mit den geschmolzenen Eiswürfeln nach ca. 10 Min. wieder entfernt. Soll die Kruste ganz besonders knusprig werden, öffnest du während der letzten 5 Min. Backzeit zusätzlich die Ofentür einen Spalt weit. Dann entweicht auch der übrige Wasserdampf und die Kruste wird extra »rösch«.

Mein Zaubertrick

für mehr Aroma

Wer genug Zeit hat, bereitet den Teig nur mit 7 g Hefe zu und lässt ihn zusätzlich 8–12 Std. im Kühlschrank ruhen. Dann bilden sich besonders feine und komplexe Aromen – die nur mit Geduld zu haben sind.

FLADENBROT

350 g Weizenmehl (Type 550)
1 EL Zucker
2 TL Salz
½ Würfel frische Hefe (ca. 21 g)
3 EL Olivenöl
1 Eigelb (M)
2 EL Sesam
1 EL Schwarzkümmel

AUSSERDEM:
Mehl und Öl zum Arbeiten
4 Eiswürfel
–

Für 1 Brot (ca. 8 Stücke)
15 Min. Zubereitung
30 Min. Ruhen
15 Min. Backen
Pro Stück ca. 260 kcal

1 Mehl, Zucker und Salz in einer Rührschüssel mischen. Hefe und 2 EL Öl in 220 ml lauwarmes Wasser einrühren und zum Mehl geben. Alles ca. 10 Min. mit den Händen oder ca. 5 Min. mit einer Küchenmaschine oder einem Handrührgerät (Knethaken, mittlere Stufe) glatt kneten. Die Schüssel leicht ölen und den Teig ca. 30 Min. zugedeckt darin ruhen lassen.

2 Den Backofen auf 230° vorheizen, dabei ein Backblech (2. Schiene von unten) und ein ofenfestes Schälchen auf dem Ofenboden mit vorheizen. Das restliche Öl (1 EL) mit dem Eigelb verrühren. Eine Arbeitsfläche mit Mehl bestäuben, den Teig darauf zu einem ca. 20 × 30 cm großen Fladen drücken. Auf einen Bogen Backpapier legen. Mit leicht geölten Fingerspitzen kleine Dellen (ca. 1 cm tief) in den Fladen drücken und das Brot mit der Eigelb-Öl-Mischung bestreichen. Mit Sesam und Schwarzkümmel bestreuen.

3 Das Backpapier samt Fladen auf das heiße Blech ziehen. Eiswürfel vorsichtig in das heiße Schälchen geben. Das Brot im heißen Ofen ca. 15 Min. backen, dabei nach ca. 5 Min. das Schälchen wieder entfernen. Das Fladenbrot warm genießen oder auf einem Rost auskühlen lassen. Dabei mit einem Geschirrtuch abdecken, damit die Kruste nicht zu hart wird.

JAPANISCHES MILCHBROT

350 g Weizenmehl (Type 405)
170 ml Milch
40 g Butter
2 TL Trockenhefe
50 g Zucker
1 ½ TL Salz
1 Ei (M)

AUSSERDEM:
Mehl und Öl zum Arbeiten
1 Kastenform (ca. 20 cm Länge)
Butter für die Form
Milch zum Bestreichen
–
Für 1 Brot (ca. 20 Scheiben)
30 Min. Zubereitung
2 Std. Ruhen
25 Min. Backen
Pro Scheibe ca. 115 kcal

1 15 g Mehl, 50 ml Wasser und 50 ml Milch in einem Topf mit einem Schneebesen verrühren, dabei langsam erhitzen (nicht kochen!). In 3–4 Min. unter ständigem Rühren eindicken lassen, bis sich die Masse (»Mehlkochstück«) vom Topfboden löst. Dann zugedeckt abkühlen lassen. Butter schmelzen und ebenfalls leicht abkühlen lassen.

2 Die übrige Milch (120 ml) lauwarm erhitzen. Hefe und 1 TL Zucker einrühren und alles ca. 15 Min. ruhen lassen. Das restliche Mehl (340 g), den übrigen Zucker (45 g) und Salz in einer Rührschüssel vermischen. Ei, Mehlkochstück und geschmolzene Butter zugeben. Nach und nach die Milch-Hefe-Mischung zugießen, dabei mit einer Küchenmaschine oder einem Handrührgerät (Knethaken, kleinste Stufe) in ca. 5 Min. zu einem elastischen, nicht mehr so stark klebenden Teig verkneten. Den Teig in einer großen, leicht geölten Plastikbox verschließen und an einem warmen Ort ca. 1 Std. gehen lassen.

3 Eine Arbeitsfläche mit Mehl bestäuben. Den Teig darauf zu einem ca. 15 cm langen Rechteck flach drücken. Das Teigstück von der langen Seite her aufrollen und mit der Naht nach unten hinlegen. In vier gleich große Stücke schneiden und jeweils zu ca. 15 × 10 cm großen Rechtecken ausrollen. Diese jeweils von der kurzen Seite her aufrollen. Eine Kastenform mit Butter fetten und mit etwas Mehl bestäuben. Die vier Teigrollen mit den Nahtstellen nach unten nebeneinander in die Kastenform legen,

sodass die Seiten mit der Schneckenform jeweils an einer Längsseite der Backform anliegen. Ein Stück Frischhaltefolie dünn ölen und die Form damit abdecken. Den Teig nochmals ca. 1 Std. ruhen lassen.

4 Inzwischen den Backofen auf 190° vorheizen. Die Teigoberseite dünn mit Milch bestreichen. Die Kastenform auf einen Rost in den heißen Ofen (2. Schiene von unten) stellen und das Milchbrot in ca. 25 Min. goldbraun backen. Dann das Brot oben nochmals dünn mit Milch bestreichen, damit es nachher schön glänzt. Das japanische Milchbrot nach ca. 10 Min. aus der Form stürzen und auf einem Rost vollständig auskühlen lassen.

Meine Zauberformel
in diesem Rezept

Für das »Mehlkochstück« wird Mehl mit Wasser und Milch unter Rühren erhitzt. Dabei verquillt die Stärke im Mehl mit der Flüssigkeit, die dann beim Backen nicht mehr so schnell verdampfen kann. Das Mehr an Flüssigkeit sorgt – hex, hex – für einen wunderbar saftigen und fluffigen Teig! So bleibt das Brot auch länger frisch.

PERFEKTES BROT

AUFS GRAMM GENAU

Am besten hältst du dich beim Backen immer genau an die Mengen im Rezept. Anders als beim Kochen lässt sich hinterher nichts mehr »retten«. Ganz entscheidend ist die Wassermenge. Mit einem Messbecher kommt es leicht zu Fehlern – weil man falsch abliest, der Becher schief steht oder die Beschriftung ungenau ist. Ich wiege lieber ab: 1 ml entspricht genau 1 g Wasser, das macht es einfach. Außerdem gebe ich Wasser immer nach und nach dazu, denn Mehl ist ein Naturprodukt und braucht nicht jedes Mal haargenau dieselbe Wassermenge. Ist mein Teig zu trocken, füge ich portionsweise mehr Wasser hinzu. Ist er schon mit weniger Flüssigkeit glatt, lasse ich den Rest weg. Hier ist Genauigkeit gefragt, ebenso wie Fingerspitzengefühl.

DIE PASSENDE RUHEZEIT

Wichtig für die ideale Fluffigkeit ist eine passende Ruhezeit. Ist sie zu kurz, bleiben die Brötchen klein, fest und reißen unschön auf. Ist sie zu lang, können die Teigstücke in sich zusammenfallen. Für eine perfekte

Ruhezeit gilt: Achte zuerst auf das Rezept – und entscheide dann nach deinem Gefühl. Dazu drückst du mit einem Finger an ein paar Stellen leicht in den Teig. Springt er direkt zurück in Form, lässt du ihn noch weiter ruhen. Fühlt er sich dagegen luftig-weich an und geht nur langsam zurück, ab damit in den Ofen!

DAMPF MACHEN

Damit Brot und Brötchen gut aufgehen und die Kruste dazu schön knusprig wird, muss die Teigoberfläche zu Beginn der Backzeit feucht bleiben. Manche schütten dazu einfach etwas Wasser auf den heißen Ofenboden. Aber Vorsicht, dabei kannst du dich verbrennen und auch dem Ofen schaden. Ein ofenfestes Schälchen mit Wasser? Nachdem mir die so entstandene Feuchtigkeit gleich beim ersten Türöffnen komplett »abgedampft« ist, habe ich eine neue Technik: Ich stelle ein paar Eiswürfel während der ersten 10–15 Min. Backzeit in einem Schälchen auf den Ofenboden. Sie schmelzen nach und nach – und erzeugen so den perfekt gleichmäßigen Wasserdampf.

GROSSZÜGIG VORHEIZEN

Grundlegend für ein perfektes Brot ist auch eine konstant hohe Hitze. Diese wird im Backofen nur durch ausgiebiges Vorheizen erreicht: etwa 30–45 Min. sollten es im Idealfall sein. Dann erhitzt sich der Backofen rundum gleichmäßig – und kann die Hitze ebenso konstant an das Brot abgeben. Auch das ist keine Kunst, nur gutes Timing!

BAGUETTE

650 g Weizenmehl (Type 550)
15 g frische Hefe
2 ½ TL Salz

AUSSERDEM:
Mehl und Öl zum Arbeiten
4 Eiswürfel
–
Für 2 Brote (ca. 20 Scheiben)
30 Min. Zubereitung
28 Std. 15 Min. Ruhen
25 Min. Backen
Pro Scheibe ca. 125 kcal

1 Für den Vorteig 150 g Mehl mit 150 ml lauwarmem Wasser und 5 g Hefe verrühren. Vorteig in einer Plastikbox verschließen und bei Zimmertemperatur ca. 2 Std. zugedeckt gehen lassen. Danach im Kühlschrank ca. 24 Std. ruhen lassen.

2 Vorteig, übriges Weizenmehl (500 g) und restliche Hefe (10 g) in eine Rührschüssel füllen. Nach und nach 280 ml lauwarmes Wasser zugießen. Dabei alles mit den Händen, einer Küchenmaschine oder einem Handrührgerät (Knethaken, kleinste Stufe) ca. 2 Min. kneten. Danach ca. 10 Min. mit den Händen, alternativ ca. 7 Min mit Knethaken (mittlere Stufe) kneten. Salz zugeben und in weiteren 2 Min. glatt kneten.

3 Teig in einer großen, leicht geölten Plastikbox verschließen. An einem warmen Ort ca. 1 Std. 30 Min. ruhen lassen. Dabei nach ca. 30 Min. die Teigränder mit einer Teigkarte mehrmals nach innen falten und den Teig jeweils wieder flach drücken, sodass etwas Spannung darin entsteht. Wieder 30 Min. gehen lassen, erneut falten und weitere 30 Min. ruhen lassen.

4 Teig auf einer leicht bemehlten Arbeitsfläche halbieren. Die Hälften jeweils zu einem Rechteck flach drücken, von der langen Seite her mit Spannung aufrollen und die Nähte mit Daumen und Zeigefinger verschließen. Mit einem feuchten Geschirrtuch zudecken und ca. 15 Min. ruhen lassen. Dann die Teigstücke leicht flach drücken und jeweils einen Teil der langen Seite zum anderen überschlagen und die

Nahtstelle festdrücken. Diesen Vorgang so lange wiederholen, bis zwei Teigrollen entstanden sind. Die Enden leicht spitz rollen. Die Teigrollen auf einen Bogen Backpapier legen, nochmals mit einem feuchten Geschirrtuch abdecken und ca. 30 Min. gehen lassen.

5 Inzwischen den Backofen auf 250° vorheizen, dabei ein Backblech (2. Schiene von unten) und ein ofenfestes Schälchen auf dem Ofenboden mit vorheizen. Die Baguettes dünn mit Wasser besprühen und mit Mehl bestäuben. Mit einem scharfen Messer je dreimal quer 3–4 mm tief einschneiden. Das Backpapier samt Brote auf das heiße Blech ziehen. Eiswürfel vorsichtig in das heiße Schälchen geben. Die Baguettes im heißen Ofen in ca. 25 Min. goldbraun backen. Dabei nach ca. 10 Min. das Schälchen entfernen und während der letzten 5 Min. Backzeit einen Kochlöffelstiel zwischen die Ofentür klemmen, sodass sie einen Spalt geöffnet ist. Die Baguettes auf einem Rost auskühlen lassen.

Meine Prise Magie
für mehr Crunch

Am liebsten mag ich mein Baguette mit Extra-Crunch: Dazu 100 g Kerne wie Sonnenblumen- und Kürbiskerne zu einem Rechteck auf der Arbeitsfläche verteilen und die beiden Teigstücke gleich nach dem Formen darin hin- und herrollen. Danach die Brote nicht mehr mit Mehl bestäuben.

SCHNELLE BRÖTCHEN MIT POLENTA-KRUSTE

50 g Sauerteig (selbst angesetzt oder
   im Beutel)
350 g Dinkelmehl (Type 630)
50 g Polenta (Maisgrieß)
2 TL Salz
5 g frische Hefe (8 g bei Sauerteig aus
   dem Beutel)

AUSSERDEM:
Polenta (Maisgrieß) zum Bestreuen
4 Eiswürfel
–

Für 6 Stück
10 Min. Zubereitung
9 Std. Ruhen
30 Min. Backen
Pro Stück ca. 265 kcal

1   Bei Verwendung von eigenem Sauerteig diesen rechtzeitig aus dem Anstellgut herstellen. Dann Mehl, Polenta und Salz in einer Rührschüssel mischen. Den Sauerteig und die Hefe in 250 ml lauwarmes Wasser einrühren, zur Mehlmischung geben und alles mit einem Kochlöffel, einer Küchenmaschine oder einem Handrührgerät (Knethaken) in ca. 5 Min. zu einem leicht klebrigen Teig verkneten. Den Teig in einer großen Plastikbox verschließen und ca. 1 Std. an einem warmen Ort gehen lassen. Dann mindestens 8 Std. (über Nacht) im Kühlschrank ruhen lassen.

2   Den Backofen auf 250° vorheizen, dabei ein Backblech (2. Schiene von unten) und ein ofenfestes Schälchen auf dem Ofenboden mit vorheizen. Einen Bogen Backpapier an sechs Stellen dünn mit Polenta bestreuen. Den Teig mithilfe von zwei Esslöffeln in sechs runde Teigstücke aufteilen und diese auf dem Grieß verteilen. Teigstücke mit Wasser bestreichen und mit Polentagrieß bestreuen.

3   Das Backpapier samt Teigstücken auf das heiße Backblech ziehen, die Eiswürfel vorsichtig in das heiße Schälchen geben. Die Brötchen im heißen Ofen in ca. 30 Min. goldbraun backen. Dabei nach ca. 10 Min. das Schälchen entfernen, die Temperatur auf 230° reduzieren und während der letzten 5 Min. Backzeit einen Kochlöffelstiel zwischen die Ofentür klemmen, sodass sie einen Spalt geöffnet ist. Die Brötchen auf einem Rost auskühlen lassen.

Meine Zauberformel

für frischen Genuss

Magisches Brot und zauberhafte Brötchen müssen immer ruhen, oft viele Stunden lang. Aber gut geplant ist halb gezaubert! Besonders bei »kalt geführten« Teigen, die im Kühlschrank gehen, kannst du optimal im Voraus planen. Dabei kommt es auf die eine oder andere zusätzliche Stunde im Kühlschrank nicht an, sodass kein Stress aufkommt. Das Backen selbst geht ganz schnell – und schon stehen die frischen Sonntagsbrötchen auf dem Tisch.

GANZ KLASSISCH

_____

ROGGEN-VOLLKORNBROT

50 g Sauerteig (selbst angesetzt
    oder im Beutel)
150 g Weizenkörner
350 g Vollkorn-Roggenmehl
150 g Weizenmehl (Type 550)
25 g frische Hefe (40 g bei Sauerteig
    aus dem Beutel)
40 g Zuckerrübensirup
2 TL Salz
2 TL gemahlener Kümmel
1 TL gemahlene Fenchelsamen

AUSSERDEM:
1 Kastenform (ca. 30 cm Länge)
Butter für die Form
Gold-Leinsamen zum Bestreuen
    (ersatzweise Leinsamen)
4 Eiswürfel
–
Für 1 Brot (ca. 24 Scheiben)
20 Min. Zubereitung
8 Std. Quellen
2 Std. 30 Min. Ruhen
1 Std. Backen
Pro Scheibe ca. 110 kcal

1 Bei Verwendung von eigenem Sauerteig diesen rechtzeitig aus dem Anstellgut herstellen. Inzwischen die Weizenkörner mit heißem Wasser übergießen und ca. 8 Std. (über Nacht) darin quellen lassen. Dann abgießen und gut abtropfen lassen. Mit allen übrigen Zutaten in eine Rührschüssel geben. Nach und nach 350–400 ml lauwarmes Wasser zugießen, dabei mit einer Küchenmaschine oder einem Hand-rührgerät (Knethaken) kneten, zunächst ca. 4 Min. auf kleinster Stufe, dann weitere 4 Min. auf mittlerer Stufe. Dabei den Teig immer wieder am Schüsselbo-den zusammenfügen (er bleibt feucht und klebrig).

2 Den Teig in einer großen Plastikbox verschließen und an einem warmen Ort ca. 1 Std. gehen lassen. Eine Kastenform fetten und mit Gold-Leinsamen aus-streuen. Den Teig einfüllen und ca. 1 Std. 30 Min. zu-gedeckt darin gehen lassen. Inzwischen den Backofen auf 250° vorheizen, dabei ein Backblech (2. Schiene von unten) und ein ofenfestes Schälchen auf dem Ofenboden mit vorheizen.

3 Das Brot oben dünn mit Wasser besprühen und auf das heiße Blech stellen. Eiswürfel vorsichtig in das heiße Schälchen geben. Temperatur auf 200° reduzieren und das Brot ca. 1 Std. backen, dabei nach ca. 10 Min. das Schälchen entfernen. Zur Garprobe mit einem Holzstäbchen in das Brot stechen: Bleibt kein Teig daran kleben, ist es fertig. Das Brot auf einem Rost auskühlen lassen und bei Bedarf mit einem großen Messer vorsichtig aus der Form lösen.

Meine Zauberidee

für griffbereite Frische

Zu viel Brot auf einmal?
Dann möglichst frisch in
Scheiben schneiden und
ab damit ins Gefrierfach.
Bei Raumtemperatur sind
sie schnell wieder aufge-
taut. Je nach Geschmack
und Brot kannst du sie
auch einfach toasten.

———

Mein Zaubertrick

für vollen Geschmack

Sirup aus Zuckerrüben
oder Gerstenmalz gibt
dem Brot eine schöne
dunkle Farbe. Sein Aroma
balanciert die Säure des
Sauerteigs aus – und
schafft mit seiner kara-
melligen Note einen vol-
len, runden Geschmack.

RUSTIKALES KRUSTENBROT

Meine Prise Magie
für eine tolle Kruste

Zucker im dunklen Brotteig? Ja bitte! Bei der sogenannten Maillard-Reaktion gehen Zucker und Aminosäuren durch Hitze neue chemische Verbindungen ein: Das zaubert Röstaromen und Knusper-Effekt in die Kruste. Zudem entstehen beim Schmelzen und Verbrennen des Zuckers neben der dunklen Farbe süße und leicht bittere Aromen in der Kruste – mit einem herrlichen Karamellgeschmack obendrauf.

60 g Sauerteig (selbst angesetzt oder im Beutel)
250 g Weizenmehl (Type 550)
10 g frische Hefe (20 g bei Sauerteig aus dem Beutel)
250 g Roggenmehl (Type 1150)
1 ½ EL flüssiger Honig
2 TL gemahlener Koriander
2 TL Salz

AUSSERDEM:
Mehl und Öl zum Arbeiten
1 rundes Gärkörbchen (ca. 25 cm Ø)
4 Eiswürfel
–
Für 1 Brot (ca. 20 Scheiben)
20 Min. Zubereitung
28 Std. Ruhen
45 Min. Backen
Pro Scheibe ca. 110 kcal

1   Bei Verwendung von eigenem Sauerteig diesen rechtzeitig aus dem Anstellgut herstellen. Inzwischen für den Vorteig 100 g Weizenmehl mit 100 ml Wasser und einem Drittel der benötigten Hefe verrühren. In einer Plastikbox verschließen, ca. 24 Std. in den Kühlschrank stellen und ca. 1 Std. vor der Weiterverarbeitung wieder herausnehmen. Dann mit allen übrigen Zutaten bis auf das Salz in eine Rührschüssel füllen. Nach und nach 200 ml lauwarmes Wasser zugießen und dabei mit einer Küchenmaschine oder

einem Handrührgerät (Knethaken, kleinste Stufe) verkneten. Dann ca. 5 Min. auf mittlerer Stufe weiterkneten, Salz hinzufügen und weitere 2 Min. kneten. Der Teig bleibt klebrig und unelastisch.

2 Den Teig in einer großen, leicht geölten Plastikbox verschließen und an einem warmen Ort ca. 2 Std. gehen lassen, dabei nach ca. 1 Std. die Teigränder mit einer Teigkarte mehrmals nach innen falten, so dass etwas Spannung im Teig entsteht.

3 Den Teig auf einer leicht bemehlten Arbeitsfläche rund formen, dazu die Teigränder zur Mitte schlagen, Teigstück umdrehen und rund wirken. Ein rundes Gärkörbchen mit Mehl bestäuben und den Laib mit der Naht nach unten hineinlegen.

Mit einem feuchten Geschirrtuch abdecken und 45–60 Min. gehen lassen.

4 Inzwischen den Backofen auf 250° vorheizen, dabei ein Backblech und ein ofenfestes Schälchen auf dem Ofenboden mit vorheizen. Den Brotlaib auf einen bemehlten Bogen Backpapier stürzen. Mit Wasser dünn besprühen und mit Mehl bestäuben. Backpapier samt Brot auf das heiße Blech ziehen, Eiswürfel vorsichtig in das heiße Schälchen geben. Das Brot im heißen Ofen (2. Schiene von unten) ca. 45 Min. backen, dabei nach ca. 10 Min. die Temperatur auf 230° reduzieren und das Schälchen entfernen. Während der letzten 5 Min. einen Kochlöffelstiel zwischen die Ofentür klemmen, sodass sie einen Spalt geöffnet ist. Das Krustenbrot auf einem Rost auskühlen lassen.

FOCACCIA
MIT KARTOFFELN

1 Pck. Trockenhefe
1 TL Zucker
500 g Weizenmehl (Type 550)
1 ½ TL Salz
60 ml Olivenöl
200 g festkochende Kartoffeln
1 kleine Zwiebel
½ EL Fleur de Sel
2 Zweige Rosmarin

AUSSERDEM:
Mehl und Öl zum Arbeiten
1 Springform (ca. 26 cm Ø)
–

Für 1 Brot (ca. 6 Stücke)
30 Min. Zubereitung
8 Std. 15 Min. Ruhen
40 Min. Backen
Pro Stück ca. 440 kcal

1 Für den Vorteig Hefe und Zucker in 450 ml lauwarmes Wasser einrühren und ca. 15 Min. ruhen lassen. Mehl und Salz in einer Rührschüssel vermischen. Die Hefemischung und 15 ml Olivenöl mit einem Kochlöffel, einer Küchenmaschine oder einem Handrührgerät (Knethaken) gut untermengen. Den noch flüssigen Teig in einer großen Plastikbox verschließen und mindestens 8 Std. (über Nacht) im Kühlschrank ruhen lassen.

2 Danach den Backofen auf 200° vorheizen. Den Boden einer Springform mit Backpapier auslegen und den weichen Teig in die Form geben. Mit leicht geölten Fingern gleichmäßig flach drücken.

3 Die Kartoffeln schälen, kurz abbrausen und in dünne Scheiben schneiden oder hobeln. Zwiebel schälen, halbieren und in dünne Spalten schneiden. Beides mit dem restlichen Öl (45 ml) und dem Fleur de Sel mischen. Rosmarin waschen und trocken schütteln, Nadeln abzupfen, nach Belieben grob hacken und untermischen. Alles gleichmäßig und flach auf dem Teig verteilen.

4 Die Focaccia im heißen Ofen auf einem Rost (2. Schiene von unten) ca. 40 Min. backen, bis die Kartoffeln goldbraun sind. Aus der Form nehmen, auf einem Rost abkühlen lassen oder warm genießen.

Meine Zauberidee

für klebrige Teige

Ein Brotteig wie dieser bleibt gefühlt überall und ständig kleben. Kein Grund zum Verzweifeln – ein kleines Utensil namens Teigkarte löst das Problem! Der Küchenhelfer aus Plastik ist weich und biegsam, sodass du auch kleinste Teigreste im Nu damit ablösen kannst.

TOASTBROT

15 g frische Hefe
2 TL Salz
600 g Weizenmehl (Type 550)
1 EL Zucker
280 ml Milch
35 g zimmerwarme Butter

AUSSERDEM:
Mehl und Öl zum Arbeiten
Kastenform (ca. 30 cm Länge)
Butter für die Form
4 Eiswürfel
–
Für 1 Brot (ca. 24 Scheiben)
20 Min. Zubereitung
7 Std. Ruhen
40 Min. Backen
Pro Scheibe ca. 120 kcal

1 Für den Vorteig die Hefe in 110 ml lauwarmem Wasser auflösen, Salz einrühren und alles ca. 4 Std. zugedeckt im Kühlschrank ruhen lassen (»Salz-Hefe-Verfahren«). Dann den Vorteig mit Mehl und Zucker in eine Rührschüssel geben. Nach und nach die Milch zugießen, dabei mit einer Küchenmaschine oder einem Handrührgerät (Knethaken, kleinste Stufe) in ca. 10 Min. zu einem elastischen Teig kneten. Die Butter nach und nach vollständig unterkneten und den Teig noch 3–4 Min. weiterkneten. Er sollte weich sein, aber nicht mehr kleben.

2 Teig in einer großen, geölten Plastikbox verschließen und an einem warmen Ort ca. 1 Std. 30 Min. gehen lassen. Dabei nach ca. 1 Std. die Teigränder mit einer Teigkarte mehrmals nach innen falten und den Teig jeweils wieder leicht flach drücken, sodass etwas Spannung im Teig entsteht.

3 Eine Arbeitsfläche mit etwas Mehl bestäuben und den Teig darauf zu einem ca. 25 cm langen Rechteck flachdrücken. Von der langen Seite her aufrollen, mit der Naht nach unten hinlegen und in vier gleich große Stücke schneiden. Eine Kastenform mit Butter fetten und mit Mehl bestäuben. Die Teigstücke mit den Schnittstellen nach außen nebeneinander in die Form legen. Ein Stück Frischhaltefolie dünn ölen und die Form damit abdecken. Den Teig darin nochmals ca. 1 Std. 30 Min. gehen lassen.

4   Inzwischen den Backofen auf 210° vorheizen, dabei ein Backblech (2. Schiene von unten) und ein ofenfestes Schälchen auf dem Ofenboden mit vorheizen. Das Brot oben dünn mit Wasser besprühen und in der Form auf das Backblech stellen. Eiswürfel vorsichtig in das heiße Schälchen geben. Das Toastbrot im heißen Ofen in ca. 40 Min. goldbraun backen. Dabei nach ca. 10 Min. das Schälchen entfernen. Nach ca. 30 Min. das Brot vorsichtig aus der Form stürzen und in 5–10 Min. fertigbacken. Noch heiß dünn mit Wasser bestreichen, damit es schön glänzt und auf einem Rost auskühlen lassen.

Meine Prise Magie
für gutes Gelingen

Das »Salz-Hefe-Verfahren« stärkt die Klebereiweiße im Mehl und macht den Teig so stabiler. Diese Methode ist für Toastbrot ideal, da hier ein großes Teigvolumen auf eine schmale Brotform trifft. Auf diese Weise kann das Brot dennoch richtig aufgehen und seine Form gut halten, ohne z. B. in der Mitte durchzuhängen.

HASELNUSSBROT AUS DEM TOPF

180 ml Bier (ersatzweise Wasser)
¼ Würfel frische Hefe (ca. 10 g)
1 EL Honig
100 g Haselnusskerne
200 g Weizenmehl (Type 1050)
300 g Weizenmehl (Type 550)
2 TL Salz

AUSSERDEM:
Haferkleie zum Arbeiten
gusseiserner Topf mit Deckel
  (ca. 22 cm Ø)
–

Für 1 Brot (ca. 20 Scheiben)
20 Min. Zubereitung
9 Std. Gehen
40 Min. Backen
Pro Scheibe ca. 130 kcal

1 Für den Vorteig Bier mit 220 ml heißem Wasser mischen, Hefe und Honig einrühren und ca. 15 Min. ruhen lassen. Inzwischen Haselnüsse grob hacken und in einer Pfanne ohne Fett anrösten, bis sie duften. Auf einem Teller abkühlen lassen.

2 Beide Mehlsorten mit Salz und Haselnüssen in einer Rührschüssel vermengen. Hefemischung zugeben und alles mit den Händen, einer Küchenmaschine oder einem Handrührgerät (Knethaken) in 4–5 Min. glatt kneten. Den Teig in einer großen Plastikbox verschließen und ca. 1 Std. an einem warmen Ort gehen lassen. Danach mindestens 8 Std. (über Nacht) in den Kühlschrank stellen.

3 Backofen auf 250° vorheizen, dabei einen Rost und einen gusseisernen Topf mit Deckel (2. Schiene von unten) ca. 30 Min. mit vorheizen. Dann den Topf vorsichtig aus dem Ofen holen, Deckel abnehmen und den Topfboden großzügig mit Haferkleie bestreuen. Den flüssigen Teig aus der Schüssel direkt in den Topf geben und mit etwas Haferkleie bestreuen. Deckel gleich wieder aufsetzen und den Topf zurück in den Ofen stellen.

4 Das Brot im heißen Ofen in ca. 40 Min. goldbraun backen. Dabei nach ca. 25 Min. Deckel vom Topf nehmen, Ofentemperatur auf 230° reduzieren und das Brot fertigbacken. Das Haselnussbrot aus dem Topf stürzen und auf einem Rost auskühlen lassen.

Warum ein Brot im Topf backen, obwohl wir doch alle hochmoderne Backöfen besitzen? Weil der Teig in unseren hohen Öfen oft nicht genug gleichmäßige Hitze abbekommt! Der Topf fungiert wie ein Mini-Ofen im großen Ofen: Er speichert die Wärme und gibt sie rundherum beständig wieder ab. So entsteht eine besonders leckere Kruste. Dazu bleibt der beim Backen entstehende Wasserdampf im Topf und lässt das Brot schön aufgehen – wie in einer wohlig-warmen Höhle, in der sich der Brotteig ganz genüsslich entwickeln kann.

Kein Hexenwerk!

SAUERTEIG

SAUERTEIG ZUBEREITEN ✦ ✦

Die Herstellung eines Sauerteigs ist nicht schwer, muss aber über mehrere Tage eingeplant werden: Am ersten Tag 50 g Vollkorn-Weizenmehl mit 50 ml Wasser in einem großen, sauberen Schraubglas gut verrühren. Verschlossen ca. 24 Std. bei Zimmertemperatur stehen lassen. Am zweiten Tag 50 g Mehl mit 50 ml Wasser verrühren, mit dem Ansatz mischen und weitere 24 Std. stehen lassen. Diesen Vorgang am dritten Tag wiederholen. Am vierten Tag ist das »Anstellgut« fertig: Es riecht säuerlich, enthält kleine Bläschen und ist leicht aufgegangen. Ansonsten wiederholst du den letzten Vorgang an einem weiteren Tag. Den fertigen Sauerteig kühl lagern.

BITTE FÜTTERN

Einmal gekühltes Anstellgut muss ca. 24 Std. vor dem Backen mit neuem Mehl »gefüttert« werden, das macht seine Bakterien und Hefen wieder aktiver. Dazu 20 g des Anstellguts mit 100 g Vollkorn-Weizenmehl und 100 ml Wasser verrühren und ca. 24 Std. in einem Schraubglas bei Zimmertemperatur stehen lassen. Mein Spezialtrick: Nur ca. 10 Std. dauert das mit 50° warmem Wasser, das du erst mit dem Mehl, dann mit dem Anstellgut verrührst. Jetzt sollte es wieder richtig schön blubbern! Zum Backen jeweilige Menge abnehmen und Rest kühl lagern.

HEGEN UND PFLEGEN

Bei längeren Backpausen muss das Anstellgut von Zeit zu Zeit bei Laune gehalten werden, damit die Bakterien und Hefen nicht absterben. Dazu wird es spätestens alle zehn Tage – wie oben beschrieben – gefüttert. Danach kühlt man etwa 100 g der neuen Mischung in einem frischen Schraubglas weiter. So kannst du Sauerteig zeitlich unbegrenzt aktiv halten. Die Reste streichst du dünn auf eine Backmatte oder ein Stück Backpapier und trocknest sie. Das eignet sich als Aroma-Kick für Sauerteigbrote oder Cracker und als Paniermehl.

EASY-PEASY-SAUERTEIG

Sauerteig als Anstellgut gibt es auch fertig zu kaufen – am besten beim Bäcker oder online. Das erspart dir Zeit und Planung. Das gekaufte Anstellgut wird dann wie selbstgemachtes weitergepflegt. Noch einfacher geht's mit »Sauerteig im Beutel« aus Reformhaus oder Bioladen: Den verwendest du ausschließlich für den Sauerteig-Geschmack, er ist inaktiv und kann auch durch Füttern nicht aktiviert werden. Ersetzt man damit in einem Rezept den »richtigen« Sauerteig, muss die Hefemenge im Gegenzug erhöht werden – so wie in einigen meiner Rezepte als Alternative angegeben (z. B. auf Seite 26).

SCHNELLES SODABROT

230 g Vollkorn-Weizenmehl
220 g Weizenmehl (Type 405)
50 g Haferflocken
2 TL Natron
1 TL Zucker
2 TL Salz
350 g Buttermilch

AUSSERDEM:
Mehl zum Arbeiten
Haferflocken zum Bestreuen
4 Eiswürfel
–

Für 1 Brot (ca. 18 Scheiben)
15 Min. Zubereitung
40 Min. Backen
Pro Scheibe ca. 110 kcal

1 Backofen auf 200° vorheizen, dabei ein Backblech (2. Schiene von unten) und ein ofenfestes Schälchen auf dem Ofenboden mit vorheizen. Inzwischen beide Mehlsorten, Haferflocken, Natron, Zucker und Salz in einer Rührschüssel mischen. Buttermilch zugießen und alles zuerst mit einer Küchenmaschine oder einem Handrührgerät (Knethaken), dann mit bemehlten Händen glatt kneten. Der Teig ist recht klebrig.

2 Teig auf einer bemehlten Arbeitsfläche rund formen, dazu Teigränder zur Mitte schlagen, Teig umdrehen und rund wirken. Auf einen Bogen Backpapier legen, dünn mit Wasser besprühen und mit Haferflocken bestreuen. Teigstück auf der Oberseite 3–4 mm tief zweimal über Kreuz einschneiden.

3 Backpapier samt Brot auf das heiße Blech ziehen. Eiswürfel vorsichtig in das heiße Schälchen geben. Das Brot im heißen Ofen ca. 40 Min. backen. Dabei nach ca. 10 Min. das Schälchen entfernen. Das Sodabrot auf einem Rost auskühlen lassen.

Meine Zauberformel
in diesem Rezept

Hier aktiviert die Säure der Buttermilch das Natron – erst so entfaltet es seine Triebkraft und das Brot geht fluffig auf. Wer gerade keine Buttermilch im Haus hat, kann auch Milch oder Wasser verwenden – sollte dann aber 1 EL Apfelessig mit in den Teig geben.

KNUSPRIGE QUARKBRÖTCHEN

600 g Weizenmehl (Type 550)
2 TL Salz
1 ½ TL Trockenhefe
250 g Quark (10 % Fett i. Tr.)
3 EL Olivenöl

AUSSERDEM:
Mehl zum Arbeiten
4 Eiswürfel
–

Für 8 Stück
15 Min. Zubereitung
9 Std. 30 Min. Ruhen
35 Min. Backen
Pro Stück ca. 335 kcal

1 Mehl und Salz in einer Rührschüssel mischen. Die Hefe in 270 ml lauwarmes Wasser einrühren, mit Quark und Öl zur Mehlmischung geben. Alles mit den Händen in ca. 10 Min., mit einer Küchenmaschine oder einem Handrührgerät (Knethaken) in 4–5 Min. glatt kneten. Den Teig in einer großen Plastikbox verschließen und ca. 1 Std. an einem warmen Ort gehen lassen, danach mindestens 8 Std. (über Nacht) in den Kühlschrank stellen.

2 Eine Arbeitsfläche mit Mehl bestäuben, den Teig daraufgeben und in acht gleich große Stücke teilen. Jedes Teigstück in der hohlen Hand rund rollen. Die Teigstücke mit der Naht nach unten auf einen Bogen Backpapier legen, mit einem feuchten Geschirrtuch abdecken und ca. 30 Min. ruhen lassen.

3 Inzwischen den Backofen auf 230° vorheizen, dabei ein Backblech (2. Schiene von unten) und ein ofenfestes Schälchen auf dem Ofenboden mit vorheizen. Teigstücke mit Wasser bestreichen, leicht mit Mehl bestäuben und auf der Oberseite mit einem scharfen Messer längs 3–4 mm tief einschneiden.

4 Das Backpapier samt Teigstücken auf das heiße Blech ziehen. Die Eiswürfel vorsichtig in das heiße Schälchen geben. Die Brötchen im heißen Ofen in ca. 35 Min. goldbraun backen, dabei nach ca. 10 Min. das Schälchen entfernen. Die Quarkbrötchen auf einem Rost auskühlen lassen.

Mein Zaubertrick

für saftige Brötchen

Quark bringt nicht nur
einen leckeren Geschmack
in die Brötchen, sein Fett-
anteil macht sie auch saf-
tiger und länger haltbar.
Je höher der Fettgehalt,
desto größer der Effekt.
Kompakter werden die
Brötchen dabei allerdings
auch: Ein Fettgehalt von
10–20 % ist ideal.

Meine Zauberidee

für den Aroma-Kick

Das gewisse Extra liefern
Orangenstückchen – nicht
das olle Orangeat aus der
Weihnachtsbäckerei, son-
dern herrlich saftige kan-
dierte Orangenscheiben
vom Trockenobststand
oder aus der Confiserie:
3–4 Scheiben fein hacken
und statt Orangenschale
in den Schokoteig rühren.

FLUFFIGE
SCHOKOBRÖTCHEN

170 ml Milch
½ Würfel frische Hefe (ca. 21 g)
1 Pck. Vanillezucker
370 g Dinkelmehl (Type 630)
100 g Schokotropfen (zartbitter)
1 TL Salz
1 TL Bio-Orangenschale
2 EL Zucker
30 g zimmerwarme Butter
2 Eier (M)

AUSSERDEM:
Mehl zum Arbeiten
–
Für 12 Stück
20 Min. Zubereitung
2 Std. 5 Min. Ruhen
25 Min. Backen
Pro Stück ca. 220 kcal

1 Milch in einem Topf lauwarm erhitzen. Hefe und Vanillezucker einrühren. Mehl, Schokotropfen, Salz, Orangenschale und Zucker in einer Rührschüssel vermischen. Eine Mulde mittig in die Mehlmischung drücken und die Milch-Hefe-Mischung hineingießen. Mit etwas Mehl vom Muldenrand verrühren und alles ca. 20 Min. ruhen lassen.

2 Butter und 1 Ei zugeben und alles zuerst mit den Knethaken eines Handrührgeräts, dann mit den Händen zu einem glatten Teig verkneten. Teig an einem warmen Ort ca. 1 Std. zugedeckt gehen lassen.

3 Teig auf einer bemehlten Arbeitsfläche in zwölf gleich große Stücke teilen. Teigstücke in der hohlen Hand rund rollen und mit der Naht nach unten auf einen Bogen Backpapier setzen. Mit einem feuchten Geschirrtuch abdecken und ca. 45 Min. ruhen lassen.

4 Inzwischen Backofen auf 160° vorheizen. Übriges Ei verquirlen und die Teigstücke damit bestreichen. Die Schokobrötchen im heißen Ofen (2. Schiene von unten) in 20–25 Min. hellbraun backen. Warm genießen oder auf einem Rost auskühlen lassen.

GANZ KREATIV

———————

QUINOA-BAGELS

2 TL Trockenhefe
3 EL Zucker
500 g Weizenmehl (Type 550)
1 ½ TL Salz
50 g bunte Quinoa (weiß-rot-
    schwarze Mischung)

AUSSERDEM:
Mehl und Öl zum Arbeiten
–
Für 8 Stück
40 Min. Zubereitung
1 Std. Ruhen
40 Min. Backen
Pro Stück ca. 290 kcal

Warum werden Bagels eigentlich
gekocht? Im siedenden Wasser
verkleistert die Stärke an der
Teigoberfläche – diese wird dann
nicht knusprig und trocken wie bei
einem Brötchen, sondern bleibt
glatt, elastisch und glänzend. Der
Teig kann nicht mehr so stark aufgehen und es verdampft weniger
Wasser – das macht ihn saftig und
»chewy«, so wie er sein soll.

1 Für den Vorteig Hefe und ½ EL Zucker in 300 ml lauwarmes Wasser einrühren und ca. 15 Min ruhen lassen. Mehl, 1 ½ EL Zucker und Salz in einer Rühr-schüssel mischen. Hefemischung zugießen und dabei mit einer Küchenmaschine oder einem Handrühr-gerät (Knethaken, kleinste Stufe) ca. 10 Min. glatt kne-ten. Teig in einer leicht geölten Plastikbox verschlie-ßen, an einem warmen Ort ca. 1 Std. gehen lassen.

2 Einen großen Topf mit Wasser und dem übrigen Zucker (1 EL) zum Sieden bringen. Inzwischen eine Arbeitsfläche mit Mehl bestäuben, Teig darauf in acht gleich große Stücke teilen. Diese jeweils rund rollen und mit dem Zeigefinger ein Loch durch die Mitte der Kugeln drücken. Den zweiten Zeigefinger ent-gegengesetzt durchstecken. Die Finger mit leichtem Druck nach außen so umeinanderdrehen, dass das Loch jeweils ca. 2 cm groß wird. Teigstücke auf zwei mit Backpapier ausgelegten Backblechen verteilen.

3 Backofen auf 220° vorheizen. Quinoa in einen tiefen Teller geben. Teigstücke portionsweise in das siedende Wasser gleiten lassen. Sobald sie oben schwimmen, noch ca. 1 Min. ziehen lassen, dann mit einem Kochlöffelstiel wenden und 1 weitere Min. ziehen lassen. Mithilfe des Stiels herausholen, eine Seite in die Quinoa drücken und die Teigstücke mit dieser Seite nach oben auf die Backbleche legen. Bleche nacheinander im heißen Ofen (2. Schiene von unten) jeweils ca. 20 Min. backen. Die Quinoa-Bagels auf einem Rost abkühlen lassen.

MALZBIER-BRÖTCHEN

Meine Prise Magie

für volle Gewürz-Power

Natürlich gibt es auch ferti-
ges Brotgewürz zu kaufen.
Aber gerade bei kräftigen,
dunklen Broten und Brötchen
entsteht die wahre Gewürz-
Power durch das frische
Mörsern. Und wer besonders
kräftige Aha-Momente mag,
belässt Kümmel, Fenchel-
samen & Co im Ganzen.

60 g Sauerteig (selbst angesetzt oder
   im Beutel)
220 g Weizenmehl (Type 550)
15 g frische Hefe (25 g bei Sauerteig
   aus dem Beutel)
1 TL Fenchelsamen
1 TL Korianderkörner
1 TL Kümmelsamen
300 g Roggenmehl (Type 1150)
40 g Zuckerrübensirup
200 ml lauwarmes Malzbier
2 TL Salz

AUSSERDEM:
Mehl und Öl zum Arbeiten
Weizenkleie zum Bestreuen
4 Eiswürfel
–

Für 8 Stück
20 Min. Zubereitung
27 Std. 45 Min. Ruhen
30 Min. Backen
Pro Stück ca. 305 kcal

1 Bei Verwendung von eigenem Sauerteig diesen
rechtzeitig aus dem Anstellgut herstellen. Inzwischen
für den Vorteig 100 g Weizenmehl mit 100 ml Wasser
und einem Drittel der benötigten Hefe verrühren.
Vorteig ca. 24 Std. zugedeckt in den Kühlschrank
stellen und ca. 1 Std. vor der Weiterverarbeitung wieder herausnehmen. Fenchelsamen, Korianderkörner

und Kümmelsamen in einem Mörser fein mahlen. Mit Sauerteig, Vorteig, restlichem Weizenmehl, übriger Hefe, Roggenmehl und Zuckerrübensirup in eine Rührschüssel füllen. Nach und nach das Malzbier dazugießen, dabei alles mit einer Küchenmaschine oder einem Handrührgerät (Knethaken, kleinste Stufe) verkneten. Dann ca. 5 Min. auf mittlerer Stufe weiterkneten, Salz hinzufügen und in weiteren 2 Min. zu einem festen, leicht klebrigen Teig verkneten.

2 Den Teig in einer großen, leicht geölten Plastikbox verschließen und an einem warmen Ort ca. 2 Std. gehen lassen, dabei nach ca. 1 Std. die Teigränder mit einer Teigkarte mehrmals nach innen falten und den Teig jeweils wieder leicht flach drücken, so dass etwas Spannung im Teig entsteht.

3 Eine Arbeitsfläche mit Mehl bestäuben, den Teig darauf in acht gleich große Stücke

teilen. Alle Stücke jeweils in der hohlen Hand rund rollen, mit der Naht nach unten auf einen Bogen Backpapier setzen, mit einem feuchten Geschirrtuch abdecken und ca. 45 Min. ruhen lassen.

4 Backofen auf 250° vorheizen, dabei ein Backblech (2. Schiene von unten) und ein ofenfestes Schälchen auf dem Ofenboden mit vorheizen. Teigstücke mit Wasser dünn besprühen, mit Weizenkleie bestreuen und oben mit einem scharfen Messer je zweimal 3–4 mm tief über Kreuz einschneiden.

5 Das Backpapier samt Brötchen auf das heiße Blech ziehen. Die Eiswürfel vorsichtig in das heiße Schälchen geben. Die Brötchen im heißen Ofen in ca. 30 Min. goldbraun backen, dabei nach ca. 10 Min. das Schälchen entfernen und die Temperatur auf 230° reduzieren. Die Malzbierbrötchen auf einem Rost auskühlen lassen.

KNÄCKEBROT MIT ROTER BETE

90 g Vollkorn-Roggenmehl
90 g zarte Haferflocken
2 TL Salz
2 TL gemahlener Koriander
3 EL Olivenöl
220 ml Rote-Bete-Saft (Reformhaus oder Supermarkt)
100 g Sonnenblumenkerne
50 g Leinsamen
25 g Mohnsamen

AUSSERDEM:
Öl zum Fetten
–

Für 15 Stück
15 Min. Zubereitung
1 Std. Quellen
50 Min. Backen
Pro Stück ca. 135 kcal

1   In einer Rührschüssel Mehl, Haferflocken, Salz, Koriander, Olivenöl und Rote-Bete-Saft mit einem Kochlöffel zu einem flüssigen Teig verrühren. Schüssel abdecken und den Teig ca. 1 Std. im Kühlschrank ausquellen lassen. Dann Sonnenblumenkerne, Leinsamen und Mohnsamen unterrühren.

2   Den Backofen auf 200° vorheizen. Ein Backblech dünn ölen, mit Backpapier auslegen und dieses glatt streichen, damit sich keine Falten ins Knäckebrot einbacken. Das Backpapier ebenfalls dünn ölen. Den Teig mit einem Löffel oder einer Winkelpalette gleichmäßig flach bis zum Rand auf dem Blech verstreichen. Dazu Löffel oder Winkelpalette leicht mit Wasser bestreichen und dieses wiederholen, wenn der Teig anfängt zu kleben.

3   Den Knäckebrot-Teig im heißen Ofen (2. Schiene von unten) ca. 15 Min. backen. Dann das Blech herausnehmen und die Ofentemperatur auf 175° reduzieren. Die Teigplatte mit einem scharfen Messer, einem Teigrädchen oder einem Pizzaschneider in 15 Knäckebrote vorschneiden, dabei nicht ganz durchschneiden. Das Knäckebrot in 30–35 Min. knusprig fertigbacken. Auf dem Backpapier auskühlen lassen, umdrehen und das Backpapier vorsichtig abziehen. Die Knäckebrote an den vorgeschnittenen Stellen auseinanderbrechen.

GEFÜLLTE PFANNENBROTE

1 TL Trockenhefe
1 TL Zucker
90 g Vollkorn-Weizenmehl
250 g Weizenmehl (Type 405)
1 ½ TL Salz
3 EL Olivenöl
350 g mehligkochende Kartoffeln
1 kleine Knoblauchzehe
3 TL Garam Masala

AUSSERDEM:

Mehl zum Arbeiten
Olivenöl zum Bestreichen
–
Für 5 Stück
50 Min. Zubereitung
1 Std. 15 Min. Ruhen
jeweils 10 Min. Backen
Pro Stück ca. 390 kcal

1   Für den Vorteig Hefe und Zucker in 220 ml lau-warmes Wasser einrühren, ca. 15 Min. ruhen las-sen. Beide Mehlsorten und Salz mischen. Vorteig und 1 EL Olivenöl zugeben und alles glatt kneten, zuerst ca. 8 Min. mit Küchenmaschine oder Hand-rührgerät (Knethaken, mittlere Stufe), dann mit den Händen. Schüssel leicht ölen und Teig darin an einem warmen Ort ca. 1 Std. zugedeckt gehen lassen.

2   Inzwischen für die Füllung Kartoffeln schälen, kurz abbrausen, grob würfeln und in Salzwasser ga-ren. Knoblauch schälen und fein hacken. Kartoffeln abgießen und im Topf mit Garam Masala, Knoblauch und dem übrigen Olivenöl (2 EL) zerstampfen. Mit Salz abschmecken und abkühlen lassen.

3   Eine Arbeitsfläche mit Mehl bestäuben. Den Teig darauf in fünf gleich große Stücke teilen. Jeweils zu einer Kugel formen und rund (ca. 15 cm Ø) ausrollen. Je 2 gehäufte EL Kartoffelfüllung in die Kreismitte geben. Teigkanten nach innen schlagen, sodass sie sich in der Mitte treffen und fest zusammendrücken. Jedes Päckchen mit einem Nudelholz vorsichtig flach drücken und wieder auf ca. 15 cm Ø rund ausrollen.

4   Eine oder möglichst zwei (gusseiserne) Pfannen erhitzen. Je ein Pfannenbrot beidseitig dünn mit Öl bestreichen und in eine Pfanne legen. Jedes Pfannen-brot 4–5 Min. bei mittlerer Hitze zugedeckt braten. Brot wenden und weitere 4–5 Min. zugedeckt braten. Heiß genießen oder auf einem Rost abkühlen lassen.

Meine Prise Magie

für Abwechslung

Extra fluffig werden die Pfannenbrote durch Frittieren: In einer Pfanne ca. 4 cm hoch Frittieröl stark erhitzen und jeden Fladen pro Seite ca. 30 Sek. darin ausbacken. Auf Küchenpapier abtropfen lassen.

———

Meine Zauberidee

fürs Grillvergnügen

Auch vom Grill ein Genuss: Die Pfannenbrote vorbereiten und abgedeckt kühl stellen. Vor dem Grillen mit Öl bestreichen und von jeder Seite 3–4 Min. grillen. Wenn vorhanden, Deckel dabei schließen.

Ideen für trockenes Brot

ZERO WASTE

FRENCH TOAST MIT AVOCADO

4 Eier mit 6 EL Milch in einem tiefen Teller verquirlen, salzen und pfeffern. Das Fruchtfleisch von 1 Avocado mit 1 Spritzer Limettensaft und Salz fein zerdrücken. 4 Scheiben trockenes Brot mit je 2 Scheiben würzigem Bergkäse belegen. Die Avocadomischung darauf verteilen und mit 4 Brotscheiben bedecken. Die Brote vorsichtig in der Eiermischung wenden und in etwas Butter rundum goldbraun braten.

SEMMELKNÖDEL AUS DER MUFFINFORM

300 g trockenes Weißbrot klein würfeln. 1 Zwiebel schälen und klein würfeln. 2 EL Rapsöl in einer Pfanne erhitzen, Zwiebel und 100 g Speckwürfel ca. 5 Min. darin anbraten. 2 Eier mit 300 ml Milch verquirlen, die Zwiebel-Speckmischung und 1 EL Mehl unterrühren. Mit Salz, Pfeffer und Muskatnuss würzen. Die Brotwürfel ca. 10 Min. darin quellen lassen. Acht Knödel aus der Masse formen und diese in acht gebutterte Mulden einer Muffinform geben, ca. 20 Min. bei 180° backen.

BRUSCHETTA MIT BIRNE UND BASILIKUM

8 Scheiben trockenes Baguette beidseitig dünn mit Olivenöl einpinseln, in einer Pfanne knusprig rösten und herausnehmen. 40 g Mandeln darin rösten, herausnehmen und grob hacken. 2 kleine Birnen waschen, vierteln, vom Kerngehäuse befreien und in je 8 Spalten schneiden. In der Pfanne mit 2 EL Olivenöl 1–2 Min. rundum anbraten. Die Brotscheiben mit je 1 TL Basilikumpesto bestreichen und je 2 Birnenspalten darauflegen. Mit 100 g Parmesanspänen und Mandeln bestreuen.

PANZANELLA MIT MELONE UND FETA

400 g trockenes Brot grob würfeln. In einer Pfanne 4 EL Olivenöl erhitzen, Brotwürfel darin knusprig rösten. 250 g Fruchtfleisch einer Honigmelone und 200 g Feta grob würfeln. 200 g Kirschtomaten waschen und halbieren, 1 Schalotte in feine Streifen schneiden. 4 Stängel Minze waschen, trocken schütteln und die Blättchen in breite Streifen schneiden. Für das Dressing 6 EL Olivenöl mit 2 EL Zitronensaft verquirlen, mit Salz und 1 TL Chiliflocken würzen. Mit den übrigen Zutaten mischen.

MINI-BRIOCHES MIT MISO

70 g Butter
250 g Weizenmehl (Type 405)
1 ½ EL Zucker
Salz
¼ Würfel frische Hefe (ca. 10 g)
1 ½ EL helle Misopaste
1 Ei (M)

AUSSERDEM:
Mehl zum Arbeiten
12er-Muffinform
Butter für die Form
–

Für 8 Stück
30 Min. Zubereitung
2 Std. Ruhen
20 Min. Backen
Pro Stück ca. 235 kcal

1 45 g Butter Zimmertemperatur annehmen lassen, den kalten Rest (25 g) mit einer Gemüsereibe grob raspeln und ca. 20 Min. ins Tiefkühlfach stellen. Inzwischen Mehl, Zucker und 1 Prise Salz in einer Rührschüssel mischen. Die zimmerwarme Butter mit Hefe, Misopaste und 85 ml lauwarmem Wasser verrühren. Ei verquirlen und die Hälfte davon mit der Hefe-Miso-Mischung zur Mehlmischung geben. Alles zuerst mit Küchenmaschine oder Handrührgerät (Knethaken), dann mit den Händen zu einem glatten Teig verkneten. Die gefrorene Butter nach und nach unterkneten, dabei Teig und Butterstücke immer wieder am Schüsselboden zusammenfügen. Den Teig an einem warmen Ort ca. 1 Std. zugedeckt gehen lassen.

2 Den Teig auf eine bemehlte Arbeitsfläche geben, ein Viertel davon abnehmen. Beide Teigstücke in jeweils acht gleich große Stücke teilen. Jedes Stück zu einer Kugel rollen. Acht Mulden der Muffinform fetten und die acht großen Teigkugeln hineinlegen. Mit dem Finger je eine Mulde in die großen Teigkugeln drücken und die kleinen Teigkugeln jeweils daraufsetzen. Die Mini-Brioches mit einem feuchten Geschirrtuch abdecken und ca. 1 Std. ruhen lassen.

3 Inzwischen den Backofen auf 190° vorheizen. Die Mini-Brioches mit dem restlichen verquirlten Ei bestreichen. Die Muffinform auf einen Rost im heißen Ofen (2. Schiene von unten) stellen. Die Mini-Brioches in ca. 20 Min. goldbraun backen. Warm genießen oder auf dem Rost auskühlen lassen.

Die Misopaste verleiht den Mini-Brioches den begehrten Umami-Geschmack, der für vollmundig, fleischig und herzhaft steht. Nach der japanischen Entdeckung gilt Umami auch bei uns neben süß, sauer, bitter und salzig offiziell als fünfter Geschmackssinn. Eine perfekte Ergänzung dazu ist heller oder schwarzer Sesam, mit dem ich die Mini-Brioches vor dem Backen bestreue – seine Röstaromen harmonieren wunderbar mit dem Miso.

WÜRZIGE BUTTERMILCH-BRÖTCHEN

½ Würfel frische Hefe (ca. 21 g)
200 g Buttermilch
2 TL Vanillezucker
350 g Dinkelmehl (Type 630)
25 g Butter
60 g getrocknete Kirschen
2 Kardamomkapseln
1 Ei (M)
Salz

AUSSERDEM:

Milch zum Bestreichen
–

Für 8 Stück
20 Min. Zubereitung
1 Std. 20 Min. Ruhen
25 Min. Backen
Pro Stück ca. 225 kcal

1 Für den Vorteig die Hefe in die Buttermilch bröckeln und mit dem Vanillezucker unterrühren. Mehl in eine Rührschüssel geben, eine Mulde mittig hineindrücken und die Hefemischung hineingeben. Mit etwas Mehl vom Muldenrand verrühren und den Vorteig ca. 30 Min. ruhen lassen.

2 Butter in einem kleinen Topf schmelzen. Kirschen fein hacken. Kardamomkapseln in einem Mörser leicht quetschen, die dünnen Schalen entfernen und die Samen im Mörser fein malen. Mit Kirschen, geschmolzener Butter, Ei und 1 Prise Salz zur Mehlmischung geben. Alles zuerst mit Küchenmaschine oder Handrührgerät (Knethaken), dann mit den Händen zu einem glatten Teig verkneten. An einem warmen Ort ca. 50 Min. zugedeckt gehen lassen.

3 Teig auf eine bemehlte Arbeitsfläche geben und in acht gleich große Stücke teilen. Diese jeweils in der hohlen Hand rund rollen und mit der Naht nach unten und wenig Abstand zueinander auf ein mit Backpapier ausgelegtes Backblech legen, sodass eine Brötchen-Blume entsteht. Mit einem feuchten Geschirrtuch abdecken und ca. 20 Min. ruhen lassen.

4 Inzwischen den Backofen auf 180° vorheizen. Die Brötchen mit etwas Milch bestreichen und im heißen Ofen (2. Schiene von unten) in ca. 25 Min. hellbraun backen. Die Buttermilch-Brötchen warm genießen oder auf einem Rost auskühlen lassen.

Meine Zauberformel

für süße Hefeteige

Gerade bei Hefeteigen mit Butter und Zucker wirkt der Vorteig wie ein Zaubertrank: Der Zucker füttert die Hefe und macht sie startklar. Nur so kann der Teig richtig aufgehen. Zu viel Zucker und Fett bremsen die Hefe allerdings – deshalb werden größere Mengen erst später untergemischt.

Register

B

C/D

F/G

H/J

K/L

M/N

O/P/Q

R

S

T

V/W

Z

WICHTIGER HINWEIS:

Die Backzeiten können je nach Herd variieren. Unsere Temperaturangaben, wenn nicht anders angegeben, beziehen sich auf das Backen im Elektroherd mit Ober- und Unterhitze. Details entnehmen Sie bitte der Bedienungsanleitung Ihres Backofens.

AUTORIN UND FOTOGRAFIN

dieses ofenfrischen Buches

ANNA WALZ

... ist ausgebildete Konditorin, machte sich aber vor einigen Jahren als freie Foodstylistin und Rezeptentwicklerin selbstständig. Mittlerweile arbeitet sie nicht nur für die bekanntesten Zeitschriften und Fotografen, sondern schrieb auch bereits mehrere eigene Koch- und Backbücher. Ihre magischsten Rezepte hat sie sich aber für dieses Buch aufgehoben.

www.annawalz.de

JULIA HOERSCH

... ist eine vielfach ausgezeichnete Fotografin die seit vielen Jahren in Hamburg für zahlreiche renommierte Magazine, Agenturen und Buchverlage arbeitet. Zusammen mit Katja Baum (Foodstyling) und Meike Graf (Requisite) setzte sie die ofenfrischen Brote und Brötchen stimmungsvoll – geradezu magisch! – in Szene.

www.juliahoersch.de

APPETIT AUF MEHR?

ISBN 978-3-8338-2711-2

ISBN 978-3-8338-6762-0

ISBN 978-3-8338-6160-4

ISBN 978-3-8338-5020-2

ISBN 978-3-8338-6877-1

ISBN 978-3-8338-3426-4

Alle hier vorgestellten Bücher sind auch als eBook erhältlich.

Mehr von GU auf **www.gu.de** und **facebook.com/gu.verlag**

Impressum

© 2022 GRÄFE UND UNZER VERLAG GmbH, Postfach 860366, 81630 München

GU ist eine eingetragene Marke der GRÄFE UND UNZER VERLAG GmbH, www.gu.de

ISBN 978-3-8338-8682-9
1. Auflage 2022

Projektleitung: Alessandra Redies
Lektorat: Julia Genazino
Korrektorat: Adriane Andreas
Gesamtgestaltung: ki36 Editorial Design, Sabine Krohberger, München
Herstellung: Petra Roth
Satz: Reemers Publishing Services GmbH
Reproduktion: medienprinzen GmbH
Druck + Bindung: Firmengruppe APPL, aprinta druck, Wemding

Printed in Germany

Bildnachweis:
Julia Hoersch: alle Fotos im Innenteil außer:
Stocksy/Lumina Images: Coverfoto;
Privat: Autorinnenporträt S. 04;
The Noun Project: Piktogramme S. 04–05, 37

Umwelthinweis:
Nachhaltigkeit ist uns sehr wichtig. Der Rohstoff Papier ist in der Buchproduktion hierfür von entscheidender Bedeutung. Daher ist dieses Buch auf PEFC-zertifiziertem Papier gedruckt. PEFC garantiert, dass ökologische, soziale und ökonomische Aspekte in der Verarbeitungskette unabhängig überwacht werden und lückenlos nachvollziehbar sind.

Syndication: www.seasons.agency

Die GU-Homepage finden Sie unter
www.gu.de

Ein Unternehmen der
GANSKE VERLAGSGRUPPE

LIEBE LESERINNEN UND LESER,

wir wollen Ihnen mit diesem Buch Informationen und Anregungen geben, um Ihnen das Leben zu erleichtern oder Sie zu inspirieren, Neues auszuprobieren. Wir achten bei der Erstellung unserer Bücher auf Aktualität und stellen höchste Ansprüche an Inhalt und Gestaltung. Alle Anleitungen und Rezepte werden von unseren Autoren, jeweils Experten auf ihren Gebieten, gewissenhaft erstellt und von unseren Redakteur*innen mit größter Sorgfalt ausgewählt und geprüft.

Haben wir Ihre Erwartungen erfüllt? Sind Sie mit diesem Buch und seinen Inhalten zufrieden? Wir freuen uns auf Ihre Rückmeldung. Und wir freuen uns, wenn Sie diesen Titel weiterempfehlen, in Ihrem Freundeskreis oder bei Ihrem Online-Kauf.

Sollten wir Ihre Erwartungen so gar nicht erfüllt haben, tauschen wir Ihnen Ihr Buch jederzeit gegen ein gleichwertiges zum gleichen oder ähnlichen Thema um.

KONTAKT ZUM LESERSERVICE

GRÄFE UND UNZER VERLAG
Grillparzerstraße 12
81675 München
www.gu.de